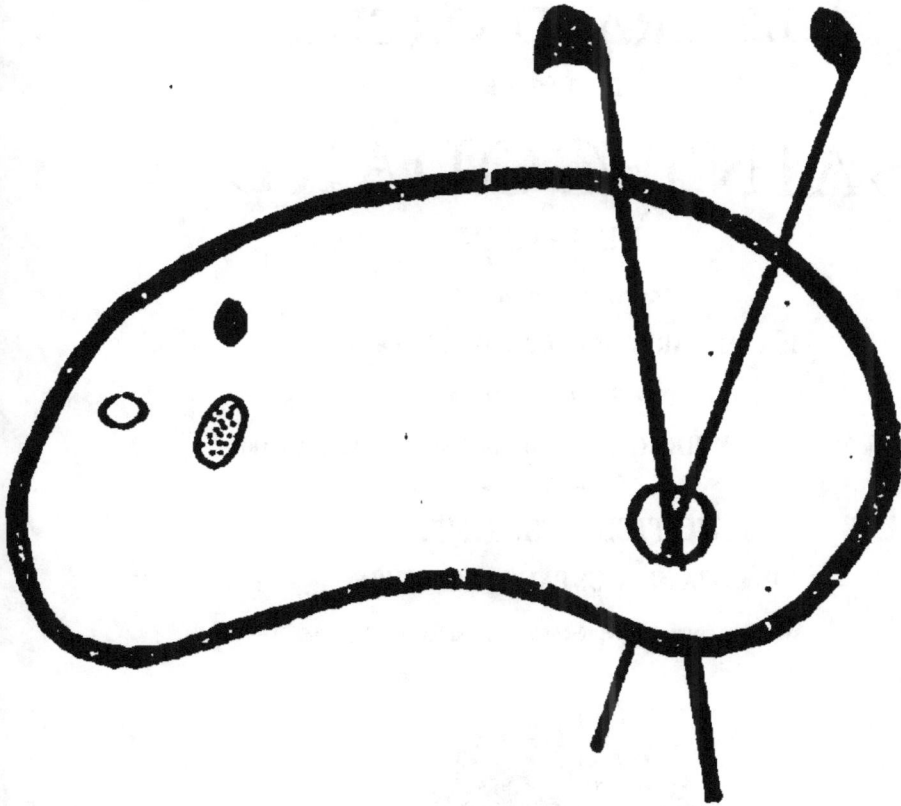

DEBUT D'UNE SERIE DE DOCUMENTS
EN COULEUR

LE GRAND ORGUE

DE L'ÉGLISE

SAINT-GODARD

DE ROUEN

CONSTRUIT EN 1883-84

PAR M. ARISTIDE CAVAILLÉ-COLL,

INAUGURÉ LE 8 MAI 1884

PAR M. CH.-M. WIDOR, ORGANISTE DE SAINT-SULPICE A PARIS

NOTICE DESCRIPTIVE

PAR L'ABBÉ GUSTAVE LEFEBVRE

Avec une gravure représentant le buffet de l'Orgue.

ROUEN

EDMOND FLEURY

Libraire de l'Archevêché,

23, Place de l'Hôtel-de-Ville, 23.

LE HAVRE

BOURDIGNON

Libraire,

114, rue de Paris, 114.

M. DCCC. LXXXIV.

IMPRIMÉ A DIEPPE, PAR PAUL LEPRÊTRE & Cᵉ.

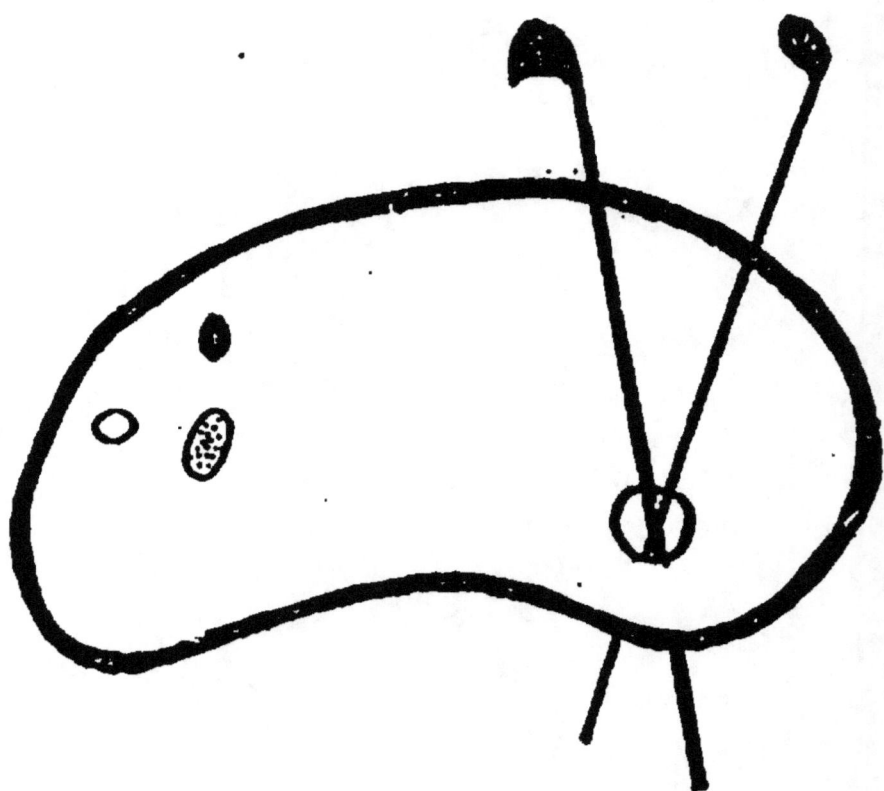

FIN D'UNE SERIE DE DOCUMENTS
EN COULEUR

LE GRAND ORGUE

DE

SAINT-GODARD

DE ROUEN

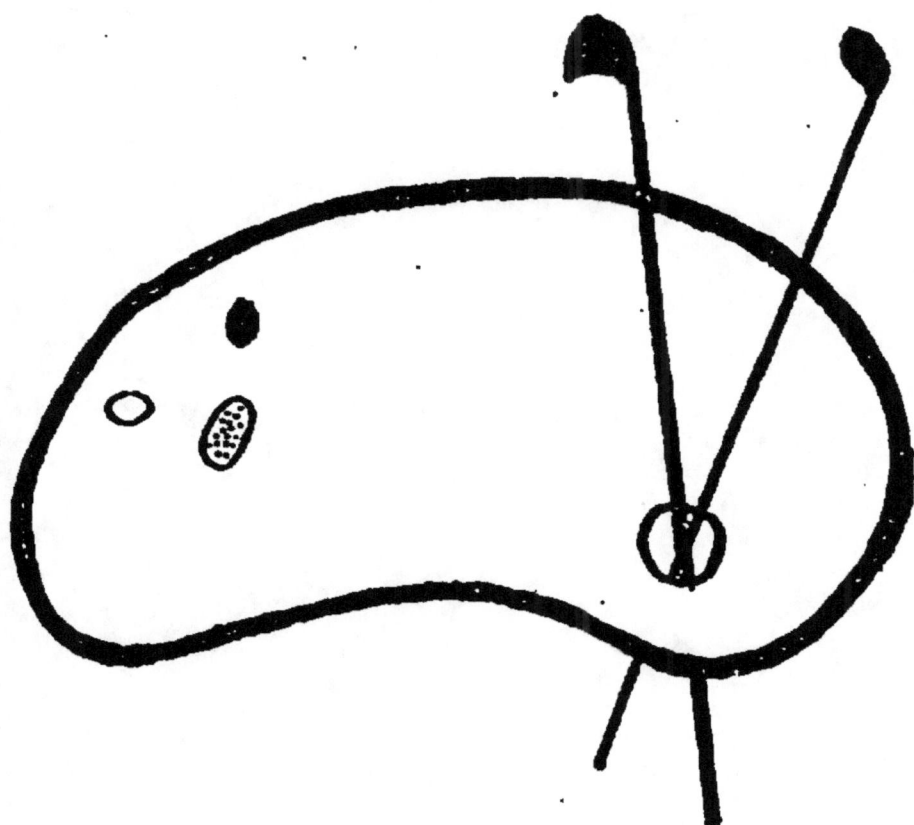

ORIGINAL EN COULEUR
NF Z 43-120-8

LE GRAND ORGUE

DE L'ÉGLISE

SAINT-GODARD

DE ROUEN

CONSTRUIT EN 1883-84

PAR M. ARISTIDE CAVAILLÉ-COLL,

INAUGURÉ LE 8 MAI 1884

Par M. Ch.-M. WIDOR, Organiste de Saint-Sulpice a Paris

NOTICE DESCRIPTIVE

Par L'Abbé GUSTAVE LEFEBVRE

Avec une gravure représentant le buffet de l'Orgue.

ROUEN

Edmond FLEURY
Libraire de l'Archevêché,
23, Place de l'Hôtel-de-Ville, 23.

LE HAVRE

BOURDIGNON
Libraire,
114, rue de Paris, 114.

M. DCCC. LXXXIV.

AVANT-PROPOS

On ne se douterait guère, à voir la belle ornementation que possède aujourd'hui l'église Saint-Godard, du profond dénûment où l'avaient laissée les hommes de la Révolution. Maltraitée plus qu'aucune autre par la tourmente et dépouillée des richesses qu'y avait accumulées la foi de nos pères, elle n'avait d'intact, en 1802, que ses seules murailles ; encore devaient-elles présenter un triste aspect ; car, bien qu'à cette époque on se montrât peu rigoureux, on ne les jugea point convenables à la dignité du culte et on résolut de les abandonner.

Ce ne fut qu'en 1806, après de nombreuses démarches et les plus vives instances, que M. l'abbé Chefdeville fut autorisé à y établir le siège de sa paroisse. Autels, vases sacrés, mobilier du chœur, tout avait disparu ; la voûte crevassée menaçait ruine, les vitraux avaient été ou enlevés ou détruits ; à la place des dalles anciennes, des trous s'ouvraient larges et profonds : il semblait qu'il y eût de la folie à tenter la restauration d'un édifice réduit à un tel état de délabrement.

Le vénérable M. Chefdeville ne s'effraya point, il se mit courageusement à l'œuvre et bientôt son zèle eut pourvu aux besoins urgents. Plusieurs de ses travaux se ressentirent de la précipitation avec laquelle ils durent être exécutés ; le bon curé comptait sur l'aide de la Providence et le secours du temps pour effacer les honteux vestiges des mauvais jours et ramener la splendeur d'autrefois.

Cette splendeur un moment évanouie, l'église Saint-Godard l'a maintenant retrouvée. Les patients efforts de prêtres non moins amis des arts que jaloux de sa gloire lui ont rendu le pur éclat de la jeunesse ; sous son vêtement de pierre semé çà et là de couleurs discrètes, elle apparaît fraîche et radieuse et n'a point à déplorer de ces altérations disparates qui nuisent à d'autres monuments remarquables à bien des titres. La munificence de chrétiens généreux lui a tissé une parure vraiment royale ; ce sont *des verrières étincelantes où se marient les reflets de la pourpre, de l'or et de l'azur ; une chaire semée à profusion de sculptures délicates; un autel ciselé avec une finesse et un goût exquis, et mille autres détails qui captivent l'œil du visiteur et rehaussent la beauté de la maison de Dieu.*

Jusqu'ici toutefois il manquait à ce gracieux monument ce que nous appellerions volontiers l'âme de nos églises, nous voulons dire cette voix suave et vibrante dont les majestueux accords, unis aux chants des fidèles, communiquent à nos cérémonies religieuses un je ne sais quoi d'achevé, de poétique, qui transporte l'âme dans les régions éthérées du ciel : un orgue enfin, ce « roi des instruments », aux effets grandioses, aux merveilleux contrastes, aux ressources multiples, immense orchestre sous les doigts d'un artiste savant et inspiré.

M. l'abbé de Beauvoir vient de remplir cette lacune. A sa chère église Saint-Godard, il a pu — grâce aux libéralités d'une insigne bienfaitrice, Madame Delahaye, qui cherche un pieux adoucissement à l'amertume de son deuil dans la continuation des bonnes œuvres et des largesses d'un époux cruellement ravi à son affection — donner une voix magnifique entre toutes, un orgue modèle, type accompli de ce qu'on peut souhaiter de meilleur en ce genre, et qui, selon nous, laisse en arrière ce que la facture contemporaine a produit de plus estimé pour la ville de Rouen.

C'est de cet orgue que nous avons dessein d'entretenir nos lecteurs.

Nous voudrions le leur présenter, leur en décrire succinctement le mécanisme et les principaux jeux. Là se serait bornée notre tâche si nous n'avions suivi que notre inclination personnelle. Mais des amis, à l'expérience desquels nous aimons à rendre hommage, nous ont assuré qu'on lirait avec intérêt une courte étude sur l'orgue en général et nous ont conseillé d'élargir un peu notre cadre.

Nous avons déféré à leur sentiment, et telle est la raison de notre premier chapitre.

Avril 1884.

CHAPITRE PREMIER

L'ORGUE EN GÉNÉRAL ; SA SOUFFLERIE, SON MÉCANISME, SES JEUX.

L'orgue, personne ne l'ignore, est un instrument à vent. Nous ne le rappelons que pour attirer tout d'abord l'attention sur le rôle considérable de l'appareil destiné à lui fournir l'air dont il a besoin. Car, si l'on veut bien remarquer que l'orgue, par sa nature essentiellement harmonique, doit produire simultanément divers sons de hauteur et de timbre différents, on comprendra sans peine quelle distance le sépare des instruments mélodiques, à l'alimentation desquels suffisent les poumons de l'exécutant.

Ici toutes les sonorités se mêlent, se groupent et se complètent l'une l'autre. Que l'artiste ait résolu de déployer dans sa plénitude la force d'un instrument de 30 jeux, comme celui de Saint-Godard par exemple, et qu'il frappe un accord de huit notes, il fait parler à la fois 240 tuyaux, dont plusieurs mesurent 8 et 16 pieds, et absorbent par conséquent une grande quantité d'air.

De là l'importance capitale de la soufflerie et la nécessité de vastes réservoirs, espèces d'accumulateurs qui emmagasinent le vent et le retiennent captif pour l'utiliser à l'appel de l'organiste.

Ce n'est pas tout : il faut encore que l'air, ainsi comprimé, le soit en des proportions inégales. Autrement, les ondes sonores de la basse écraseront celles des notes aiguës. Quoique cette assertion paraisse toucher au paradoxe, elle repose sur un fait d'expérience des plus faciles à constater.

Quiconque chante ou joue d'un instrument à vent comme la flûte, le hautbois, la clarinette, dépense pour les tons graves beaucoup d'air de faible pression ; les tons élevés au contraire en demandent peu, mais le veulent très énergique. De cette simple observation des phénomènes constants de la nature, il découle que, si les basses et les dessus d'un jeu sont mis en vibration par une colonne d'air identique, les unes se développeront dans leur majestueuse ampleur, tandis que les autres, chétifs et ternes, se perdront dans la masse et n'auront aucune portée. L'équilibre sera rompu, l'homogénéité fera défaut, l'orgue n'aura ni vigueur, ni égalité, ni brillant.

C'est là précisément ce qu'on observe dans les orgues de facture ancienne. Sans doute, ce vice n'avait point échappé aux *organiers* en renom ; mais ils se résignèrent à subir un mal qu'ils se déclaraient impuissants à conjurer. Si l'on songe que non-seulement les parties éloignées d'un même jeu, mais des groupes entiers de jeux, en raison de leur caractère intime, réclament un système complexe de réservoirs à diverses pressions, on avouera que le problème présentait de graves difficultés.

L'honneur de le résoudre victorieusement était réservé à notre siècle, et à l'homme « dont les seules découvertes, depuis l'orgue « de Saint-Denis jusqu'à celui de Saint-Sulpice, ont fait faire à « l'Orgue plus de progrès qu'on n'en avait réalisé pendant cinq « siècles d'efforts et de recherches » (1).

C'est en effet à M. Aristide Cavaillé-Coll que l'on doit l'admirable et féconde invention de la *soufflerie à diverses pressions*. Pour l'amener de la théorie dans le domaine de la pratique, il imagina (2) de multiplier les *réservoirs régulateurs*, de diviser les

(1) M. l'abbé Lamazou : *Etude sur la facture d'Orgues moderne*, page 59.

(2) « Au mérite d'avoir posé le problème, dit M. Fétis, M. Cavaillé ajoute la gloire de l'avoir résolu par le moyen très simple de plusieurs réservoirs d'air à diverses pressions, l'une de faible densité, l'autre moyenne, et la troisième forte. Ces réservoirs sont superposés et alimentent, en raison de leur destination, les tuyaux de la basse, du médium ou des dessus de tous les registres.... Tout avait été prévu dans cette savante disposition, pour qu'aucun inconvénient ne résultât de cette division du vent en plusieurs réservoirs placés sous des pressions différentes : car ils sont réunis par des conduits élastiques munis de *soupapes régulatrices* et s'alimentent réciproquement, *sans que leurs pressions diverses puissent en être altérées.* » Extrait du *Rapport de M. Fétis sur l'Exposition universelle de 1855.*

sommiers en plusieurs compartiments ou *laies*, de leur assurer à chacun une abondante provision d'air plus ou moins comprimé selon le but poursuivi ; et il sut combiner le tout avec une entente si habile des conditions harmoniques que, non-seulement les différentes familles de jeux, mais les différentes *octaves d'un même jeu*, alimentées séparément, purent sonner selon leur intensité particulière et conserver invariablement leur force respective.

A dater de l'Exposition nationale de 1839, la facture d'orgues était régénérée. Maîtresse absolue d'un agent jusqu'alors indocile, elle allait le transformer en un serviteur fidèle, empressé de satisfaire ses moindres désirs.

L'application du système à l'orgue de Saint-Godard en facilitera l'intelligence et dissipera, nous l'espérons, les obscurités que cet exposé nécessairement incomplet aurait laissé subsister dans l'esprit de nos lecteurs.

L'air ainsi recueilli n'attend plus que le signal de l'artiste. A mesure que les doigts, abaissant les touches, ouvriront les soupapes interposées entre les derniers réservoirs et l'embouchure des tuyaux, il jaillira, et les mille voix de l'orgue, précédemment silencieuses, chanteront à l'envi.

Qu'on nous permette ici quelques explications. Un bon orgue, de dimensions ordinaires, égale en variété et dépasse en puissance un orchestre même nombreux. Par quels moyens a-t-il pu dérober aux autres instruments leurs secrets et s'emparer de leur timbre comme d'un bien qui lui serait propre ?

La cause en est dans la forme, diversifiée à l'infini, de ses tubes sonores. Ceux-ci sont allongés et ceux-là fort courts, les uns bouchés et les autres ouverts ; il en est de cylindriques et de pyramidaux ; bref, autant de jeux, autant de dispositions particulières dont l'examen ne saurait convenir qu'à un ouvrage spécial et de longue haleine.

Quels qu'ils soient, tous ces jeux se rapportent cependant à deux grandes catégories ; les *jeux à bouche* et les *jeux d'anche*.

Les premiers se nomment ainsi parce qu'ils parlent au moyen d'une ouverture appelée *bouche*. Cette bouche est limitée par deux lèvres : l'une, inférieure, par laquelle se précipite le vent des laies ; l'autre, supérieure, contre laquelle il se heurte et se brise. Par suite de la résistance alternativement victorieuse et vaincue, le vent imprime à l'air contenu dans l'intérieur du tuyau un mouvement vibratoire, et le son se produit, exactement comme à l'embouchure de la flûte ou au bec du flageolet. Les tuyaux de la montre offrent tous cette disposition.

Les jeux à bouche comprennent la famille entière des flûtes. Accordés à l'unisson ou à l'octave les uns des autres, ils composent l'ensemble des jeux de *fonds*, doux, graves, essentiels à l'orgue. S'ils donnent la tierce, la quinte, ou une autre harmonique de la note frappée, on les appelle jeux de *mutation*, jeux d'un emploi délicat, dont il faut user avec sobriété, mais qui, traités discrètement et greffés sur les fonds, enlèvent à ceux-ci leur uniformité monotone, et répandent sur l'harmonie une teinte originale, mystérieuse, et d'un effet séduisant.

Quant aux *jeux d'anche*, ils empruntent leur nom d'une languette de cuivre ou *anche*, élastique et mince, dont les oscillations rapides, occasionnées par le courant d'air, se communiquent, à travers un étroit canal évidé, au corps du tuyau et y engendrent le son. Leur constitution intime les éloigne donc sensiblement des jeux à bouche.

Si l'anche, arrêtée dans sa course par les bords du canal mentionné tout-à-l'heure, les bat pour s'en écarter, y revenir et ainsi de suite, le jeu est à *anches battantes* ; il est au contraire à *anches libres* lorsqu'elle s'agite librement en dedans et au dehors. Dans les deux cas, le tuyau affecte la forme d'un entonnoir, et ce n'est pas uniquement de ses dimensions que dépend la hauteur du son, mais aussi et surtout de la longueur vibrante de la languette. On en a justement assimilé le mécanisme à l'embouchure de la clarinette qui repose sur le même principe.

Les jeux d'anche sont de tous les plus brillants ; leur pénétrante vigueur anime la solennelle majesté des fonds et donne à l'orgue un éclat incomparable. Dans cette catégorie se rangent la *bombarde*, la *trompette*, le *cor anglais*, le *clairon*, le *hautbois*, la *voix humaine*, etc., d'autant plus parfaits qu'ils se rapprochent davantage des instruments d'orchestre dont ils ont pris le nom.

Nous avons hâte d'en finir avec ces notions techniques. Et pourtant nous n'avons rien dit d'une opération délicate et complexe, celle du mécanisme, infaillible écueil pour les facteurs vulgaires. Nous ne faisons que la signaler au passage, et nous invitons nos lecteurs à considérer quelle vivacité d'intuition, quelle entente des lois de la mécanique et de l'acoustique sont indispensables pour surmonter les difficultés sans nombre qui s'opposent à l'établissement d'un orgue excellent de tout point. Que la soufflerie soit insuffisamment graduée, que les fonds soient prodigués au détriment des anches, que le mécanisme fonctionne avec lenteur ou irrégularité, et le talent d'un artiste consommé se heurte à des obstacles qui le paralysent.

Aussi ne saurait-on s'entourer de garanties trop sérieuses, ou l'on s'expose à de cruelles déceptions. Pour quiconque veut acquérir un instrument de premier ordre, le mieux, croyons-nous, est de reléguer au second plan la question pécuniaire et de fixer son choix, non pas sur un facteur habile, mais sur un illustre parmi les habiles. Et voilà précisément de quelle façon a procédé M. l'abbé de Beauvoir, au nom de l'église Saint-Godard.

CHAPITRE SECOND

LE FACTEUR DE L'ORGUE DE SAINT-GODARD.

Dès que fut décidée la construction d'un grand orgue, Monsieur le Curé de Saint-Godard n'éprouva aucun embarras. Comme il le voulait, avant tout, éminemment artistique, il s'adressa, sans aucune sollicitation ou démarche étrangère, mais *spontanément*, dans la libre détermination de ses préférences, au facteur dont la réputation, consacrée par un demi-siècle de gloire, éclipse celle de tous ses rivaux ; nous avons désigné M. Aristide Cavaillé-Coll.

C'est en effet un nom célèbre — volontiers nous dirions unique — dans les annales de la facture, que celui que nous venons d'écrire, et l'histoire aura lieu de s'étonner que l'art lui doive à lui seul d'aussi remarquables progrès.

Descendant d'une famille qui, vers la fin du dix-septième siècle, construisait l'orgue de l'église Saint-Pierre, à Toulouse ; fils et petit-fils de facteurs distingués que la Révolution put chasser en Espagne mais non pas interrompre dans leurs travaux, M. Cavaillé-Coll avait hérité de ses pères les bonnes traditions de son art et puisé dès le berceau le goût inné des recherches qui devaient le rendre à jamais illustre.

A l'âge où tant d'autres, heureusement doués du reste, s'avancent indécis et mal assurés, il se révélait par un coup de génie, devançait les maîtres, conquérait d'assaut la première place et créait l'orgue moderne. Depuis, il est allé de succès en succès, profitant de toutes les idées fécondes, améliorant ses propres inventions, les complétant par de nouvelles, et, à ce prix d'un continuel labeur, dotant de chefs-d'œuvre inimitables les sanctuaires de Paris, les églises de la province et les salles de concert de l'étranger.

Mais il importe de nous effacer ici devant les faits et de recourir à l'autorité de ces irrécusables témoins. Un éloge, sans preuves à l'appui, si pompeux qu'on le suppose, serait loin d'équivaloir à la nomenclature des perfectionnements principaux que M. A. Cavaillé-Coll a tour-à-tour introduits dans la facture de l'orgue.

En 1839, alors qu'il travaillait, avec l'enthousiasme de la jeunesse et la patience obstinée de l'homme qui rêve l'idéal et s'est promis de l'atteindre, à la construction de l'orgue de Saint-Denis, M. Cavaillé-Coll exposait à Paris un instrument, d'apparence fort modeste, — il avait moins de 20 jeux — qui excita cependant la vive curiosité des connaisseurs et annonçait toute une révolution artistique. On y remarquait, appliqué pour la première fois, le système de la *soufflerie à diverses pressions*, système qui marque l'origine d'une ère nouvelle et dont l'honneur appartient en entier à M. Cavaillé-Coll. Cette innovation, « la « plus importante que le siècle présent ait vu naître pour « l'amélioration de l'orgue, a eu pour effet de mettre en « équilibre la force productrice du son et la capacité absorbante « des agents de résonnance... De là résulte la parfaite égalité « qu'on admire dans les instruments de M. Cavaillé, et qui « était inconnue avant lui. N'eût-il fait que cette heureuse « découverte, il laisserait un nom que n'oublierait pas la « postérité » (1).

Et il en a fait d'autres. La même année, dans la même circonstance, apparurent les *sommiers à double laie*. On sait ce que sont les *laies* : de fortes caisses, solidement cloisonnées à l'intérieur des sommiers, où stationne le vent jusqu'à ce que les soupapes entr'ouvertes lui livrent passage vers l'embouchure des tuyaux.

Jamais on n'en avait compté qu'une par sommier, elle en alimentait donc et les jeux de fonds, et les jeux de mutation, et les jeux d'anche. Qu'arrivait-il ? Que, les tuyaux de grande

(1) *Rapport de M. Fétis sur l'Exposition universelle de 1855.*

taille consommant un volume d'air considérable, les autres, peu nourris, couraient le risque de se taire, au moins de s'altérer et de parler faux.

Afin d'obvier à cet inconvénient, M. Cavaillé fit deux laies, dont une à chaque extrémité des sommiers. Sur la première il implanta les jeux à bouche de 16, 8 et 4 pieds ou *jeux de fonds* actuels ; la seconde, il la réserva aux jeux de mutation et aux jeux d'anche qui reçurent le nom général de *jeux de combinaison*. Simple autant qu'ingénieux, comme sont les idées lumineuses, ce changement remédiait aux chances d'irrégularité, ou plutôt il les supprimait ; on en comprit si bien les heureux effets qu'on se hâta de l'adopter et que l'emploi s'en est depuis universellement répandu.

Là ne se bornent point les innovations de M. Cavaillé-Coll. Il a créé de toutes pièces la belle famille des *jeux harmoniques*, aux sonorités amples et vigoureuses ; il a sauvé la *machine pneumatique*, cette immortelle invention de Barker, de la ruine fatale que lui prédisaient de jaloux détracteurs, en l'appliquant le premier, avec une hardiesse et une sûreté magistrales, à l'orgue de Saint-Denis ; il a installé, à Notre-Dame et à Saint-Sulpice de Paris, un nouveau système de *moteurs pneumatiques à double effet*, imaginé par lui pour la traction des registres des orgues monumentales ; et au lieu d'un tirage de 20 à 30 centimètres, parfois assez dur, qu'exigeait le mécanisme ordinaire, l'organiste a sous la main d'élégants boutons, d'une douceur extrême, dont la course maxima est limitée à 25 millimètres.

Nous ne parlerons que pour mémoire des *pédales* et *registres de combinaison*, depuis longtemps introduits par M. A. Cavaillé-Coll dans la facture moderne ; de même que des *régulateurs de la pression de l'air et des gaz*, adoptés par la Faculté des Sciences de Paris. Mais nous devons dire quelques mots d'une des principales découvertes de l'éminent facteur qui a livré à la science de l'acoustique et à la facture instrumentale une formule théorique et pratique pour la détermination des dimensions des tuyaux, par rapport à leur intonation.

2

Cette formule, dont il a fait hommage à l'Académie des Sciences dans sa séance du 23 janvier 1860, résout d'une manière exacte toutes les questions relatives aux tuyaux d'orgues, soit pour obtenir le son fondamental, soit pour déterminer la position des nœuds de vibration dans les tuyaux harmoniques, soit enfin pour fixer la position et les dimensions des ouvertures latérales sur les tuyaux dits *à entailles*.

« Toutes ces règles pratiques, dit M. Lissajous, permettent
« d'arriver de la façon la plus rapide à un accord satisfaisant
« pour tous les jeux, et l'exactitude de ces moyens est vérifiée par
« la pratique quotidienne des ateliers de M. A. Cavaillé-Coll (1).
« Indépendamment des expériences faites devant le conseil de
« la Société en séance publique, votre rapporteur a suivi l'ap-
« plication de ces principes à la mise au ton de l'orgue de
« l'Opéra lors de la réforme du diapason. C'est par l'emploi
« de ces divers moyens, joints à ceux déjà en usage, que
« M. A. Cavaillé-Coll est arrivé à donner aux jeux de l'orgue
« de Saint-Sulpice cette égalité et cette bonne harmonie qui le
« caractérisent » (2).

Il faudrait reproduire l'ensemble du rapport du savant acous-
ticien Lissajous, pour donner une idée complète des travaux
de M. Cavaillé-Coll dans leur application au grand orgue
de Saint-Sulpice. Nous en transcrirons seulement les dernières
lignes :

« Vos comités n'hésitent pas à reconnaître que l'orgue de
« Saint-Sulpice est un chef-d'œuvre de dispositions intérieures,
« un modèle sous le rapport de la puissance, de la distinction et

(1) Ce qui surprend, c'est que les facteurs qui se servent communément de la formule de M. Cavaillé-Coll mettent à cacher le nom de son auteur autant de sollicitude que les savants de zèle à le citer. Au moins conviendrait-il de faire hommage à qui de droit de la solution d'un problème auquel avaient travaillé en vain nombre de physiciens célèbres depuis l'illustre Dawis et l'infatigable Bernouilly.

(2) *Rapport fait à la Société d'Encouragement pour l'industrie nationale sur le Grand-Orgue de Saint-Sulpice;* séance du 15 juillet 1863.

« de la variété des jeux. Dans cet immense travail, toutes les
« difficultés ont été vaincues avec autant d'habileté que de
« bonheur. Vos comités sont heureux que cette belle création
« leur ait permis de rendre une seconde fois hommage au talent
« bien connu d'un artiste qui porte si haut la réputation de la
« facture française » (1).

Nous en avons dit assez, ce nous semble, pour mettre en
lumière le génie incontestable de M. Cavaillé-Coll et persuader
les hommes de bonne foi. Ses confrères eux-mêmes s'inclinent
respectueusement devant lui et quelques-uns ont élevé la voix
pour rendre justice à sa supériorité : « Son nom, écrit un ancien
contre-maître de Barker, son nom doit à tous les titres passer le
premier » (2) ; il est « réellement synonyme de facture moderne
de l'Orgue » (3).

Il convient d'ajouter que « M. Cavaillé-Coll n'ayant jamais
« fait breveter ses inventions, tout le monde a pu profiter de ses
« recherches ; mais après cette marque de désintéressement
« artistique, il serait souverainement injuste de vouloir attribuer
« à d'autres, *comme on a essayé de le faire*, les inventions et les per-
« fectionnements dont il a doté la facture française » (4). A
chacun son bien, dit le vieux proverbe ; à M. CAVAILLÉ-COLL
et à BARKER, l'honneur d'avoir tiré l'Orgue du chaos au sein
duquel il se débattait stérilement et de l'avoir amené au degré de
perfection où il se trouve aujourd'hui et qui semble « le dernier
mot du progrès » (5).

Nous pourrions maintenant nous étendre avec complaisance
sur les chefs-d'œuvre qu'a enfantés M. Cavaillé-Coll dans le
cours de sa longue et féconde carrière. Mais à quoi bon ? Qui ne

(1) Conclusion du *Rapport à la Société d'Encouragement*, page 11.
(2) M. PAUL FÉRAT ; *Réponse à M. l'abbé Ply*, page 3.
(3) M. l'abbé LAMAZOU ; *Etude sur la facture d'Orgues moderne*, page 59.
(4) Rapport des délégations ouvrières à l'Exposition universelle de 1867 ;
Etude sur les Grandes Orgues, page 84.
(5) *Etude sur les Grandes Orgues*, déjà citée.

sait qu'on lui doit, rien qu'à Paris, plus de soixante orgues d'églises et de chapelles ; entre autres celui de Notre-Dame (1), et celui de Saint-Sulpice, dont M. Lissajous nous a fait l'éloge, le plus important qu'il y ait au monde, avec son armée active de près de sept mille tuyaux ; qu'à lui se sont adressés le Conservatoire et l'Académie nationale de musique ; que le Palais de l'Industrie d'Amsterdam, le Comité directeur de l'Albert-Hall de Sheffield, le Conservatoire royal de Bruxelles, la Salle des Fêtes du Trocadéro lui ont demandé de grandes orgues de concert; que, comblé des distinctions les plus flatteuses, classé HORS CONCOURS à l'Exposition universelle de 1867, il a été, en 1878, promu officier de la Légion-d'Honneur et proclamé par ses émules seul digne du GRAND PRIX, qui lui a été accordé ?

Quelque haute que soit la signification de ces témoignages d'estime sans cesse répétés, nous ne nous y attarderions point si d'autres ne s'efforçaient d'égarer l'opinion par le bruit qu'ils soulèvent autour des récompenses, *de second ou de troisième ordre,* médailles d'or ou de bronze, qui leur ont été décernées. Les instruments de M. Cavaillé sont là qui parlent en sa faveur plus éloquemment que tout le reste. Ils ont forcé l'admiration des hommes les plus difficiles, des maîtres les plus aptes, à cause de leur talent même et de leur situation, à rendre un jugement sans appel.

En veut-on des preuves capables de couper court aux subtilités des amis de l'équivoque et des subterfuges ? Voici quelques déclarations que certains seront tentés d'accuser d'un excès de franchise ; elles sont du moins de nature à chasser l'ombre du doute, si le doute était permis encore ; et la notoriété des signataires en atteste l'indépendance, la valeur et l'impartialité.

Faisons aux étrangers l'amabilité de commencer par eux, et tenons-nous en à des documents assez récents ; ils ne remontent pas au-delà de l'année 1875.

---

(1) On trouvera aux *Pièces justificatives,* nº 3, quelques extraits du rapport fait à Son Exc. M. le Ministre des Cultes sur l'orgue de Notre-Dame de Paris.

C'est d'abord M. GEVAERT, directeur du Conservatoire de Bruxelles, qui s'exprime en ces termes : « En ce qui concerne les « orgues de M. Cavaillé-Coll, mon opinion, d'accord avec celle « de tous les artistes compétents, est que ses instruments sont « *incomparablement supérieurs à ce qui se fait en ce genre dans* « *l'Europe entière* » (1).

M. ALPHONSE MAILLY, professeur d'orgue au même Conservatoire, n'est pas moins explicite : « Pour ce qui concerne « le facteur sur lequel vous voulez bien me consulter, quoi « qu'on puisse dire, *on n'en dira jamais assez : Cavaillé-Coll est* « *le maître des maîtres* » (2).

Et LEMMENS, ce puissant initiateur qui nous a réappris le vrai style de l'Orgue et a formé une pléiade d'artistes illustres, que pensait-il ? Que « *M. Cavaillé-Coll n'a pas de rival sérieux* », que « les facteurs d'orgues de toutes les nations sont forcés à lui « emprunter ses belles inventions, qu'en véritable artiste il a « abandonnées à la facture » (3).

Ce sentiment, les organistes d'outre-Manche le partagent : « En « quelque lieu que ce soit, dit le premier compositeur et exé- « cutant de l'Angleterre, M. BEST, M. Cavaillé-Coll est considéré « comme un artiste *tenant absolument le premier rang* » (4).

En France, les témoignages abondent par centaines ; il y en a autant que de procès-verbaux des commissions d'expertise. Nous en invoquerons un seul, mais des plus précieux. Il est d'un artiste que la ville de Rouen put apprécier, le 7 juin dernier, à l'inauguration de l'orgue de la Cathédrale, et dont le rare talent se prête, avec une égale bonne grâce, aux vœux de tous les facteurs. La compétence se réunit donc chez lui à une sincérité indéniable.

Or, M. GUILMANT écrivait, le 22 février 1875, les lignes que voici :

(1) Lettre du 1er février 1875.
(2) Lettre du 2 février 1875.
(3) Lettre du 20 février 1875.
(4) *M. Cavaillé-Coll is esteemed everywhere as an artist of the very first rank.* Lettre du 23 février 1875.

« J'ai eu souvent, depuis une vingtaine d'années, l'occasion
« d'examiner de près les grands travaux de M. Cavaillé-Coll, et
« j'ai acquis la conviction que *sa facture tient tout-à-fait le premier*
« *rang...* J'ai à la Trinité un grand orgue, *dont le mécanisme n'a*
« *pas été retouché depuis plusieurs années, et qui néanmoins fonctionne*
« *avec une précision mathématique....* Ce que j'admire le plus dans
« les ouvrages de M. Cavaillé-Coll, c'est l'art avec lequel ses
« jeux sont harmonisés, leur variété de timbre et la rondeur
« des jeux de fonds. Je ne vous parlerai pas du choix des
« matériaux employés par ce célèbre facteur et de leur valeur
« intrinsèque, ni de la supériorité des jeux d'anche les plus
« difficiles à traiter...., ces points sont indiscutables dans les
« orgues de M. Cavaillé-Coll.

« Pour me résumer, je crois, en conscience, que *M. Cavaillé-*
« *Coll est certainement le plus habile facteur d'orgues de notre époque.*
« C'est aussi l'opinion de mon maitre, M. Lemmens » (1).

On nous pardonnera la longueur de cette dernière citation,
elle a un poids exceptionnel qu'apprécieront nos lecteurs. De
même que les autres, elle aboutit à cette conclusion que
M. Cavaillé-Coll, le maître des maîtres, n'a pas de rival sérieux (2).

Comment donc se fait-il que Rouen (3) n'ait jusqu'à ce jour
possédé aucun orgue de sa facture? Nous avions bien à Bon-Secours
un instrument exquis, petit bijou d'harmonie enchâssé dans un
écrin d'une ravissante architecture, on ne se lassait pas de
l'entendre, on le vantait à tout propos ; mais, des paroisses de la
cité métropolitaine, nulle n'avait suivi l'exemple du sanctuaire de
Marie. A quoi attribuer une pareille lacune dans la collection
de nos richesses artistiques ?

Serait-ce que M. Cavaillé-Coll, homme de cabinet et d'étude,

(1) *L'orgue du Palais d'Amsterdam*, par M. PHILBERT, page 94.
(2) Expressions déjà citées de MM. LEMMENS et MAILLY.
(3) Nous donnons plus loin, aux *Pièces justificatives*, no 2, la liste des principales orgues construites par M. A. Cavaillé-Coll dans le diocèse de Rouen, avec un aperçu des appréciations qui en ont été faites.

préoccupé d'agrandir le champ de ses découvertes, fuit d'instinct
la réclame et qu'il lui répugne de passer son temps en de conti-
nuels voyages, à la recherche des affaires ? Peut-être ; le motif,
ou mieux le prétexte ordinairement allégué, consiste dans
l'élévation de ses prix : « Il est si cher, dit-on, si cher qu'il
décourage les intentions les meilleures. »

Nous aurions beau jeu à discuter cette affirmation (1).
Acceptons-la plutôt, et sans réticence : oui, M. Cavaillé-Coll est
cher ; mais comme le sont et le seront toujours les industriels ou
commerçants qui auraient honte de livrer des produits de qualité
inférieure. Le bon sens vulgaire estime à sa juste valeur la théorie
du bon marché. En apparence, rien de plus séduisant ; en réalité,
rien d'aussi désastreux.

Ce qui est vrai d'une simple étoffe l'est cent fois d'une œuvre
d'art où le fini du travail importe seul, et non pas l'accumulation
des matériaux. Nous en connaissons de ces orgues avantageuses,
dont la mécanique, molle et distendue, exige tous les vingt ans
une réfection totale, et ainsi la dépense primitive s'augmente
de frais considérables qui sont à renouveler sans cesse jusqu'à
ce qu'on en finisse avec de fâcheux errements. Nous en
connaissons d'autres (2), construites en 1857, et auxquelles on
n'a touché en 1879 que pour l'adjonction d'une Pédale séparée.
Il en est de certaines économies comme des victoires à la
Pyrrhus ; au rebours de ces « défaites triomphantes » qu'exalte
Montaigne, elles plaisent d'abord, et finalement conduisent à la
ruine.

Se contenter pour un orgue d'un mécanisme et d'une sonorité
quelconques, c'est se priver des plus pures jouissances et assumer

(1) Voici ce qu'en pense M. MAILLY : « Je ne crois pas à la grande supériorité
de ses prix. Si on s'adresse à des facteurs secondaires, il est évident que
M. Cavaillé-Coll aura, sous ce rapport, une situation impossible. Mais il est
de toute justice et de toute sagesse de ne compter qu'avec des maisons de
premier ordre et, dans ces conditions, *le célèbre organier français ne présente rien
d'anormal.* (Lettre du 2 février 1875.)

(2) L'orgue de Notre-Dame de Bon-Secours.

la lourde charge de réparations continuelles, de beaucoup plus coûteuses qu'un premier établissement dans les conditions voulues de souplesse et de stabilité. Combien nous préférons celles « *dont le mécanisme n'a pas été retouché depuis plusieurs années, et qui* « *néanmoins fonctionnent avec une précision mathématique !* » (1) Tout y gagne : et le budget des fabriques, et la splendeur du culte, et l'art, et l'organiste.

Voilà pourquoi l'église Saint-Godard mérite de chaleureux éloges. Sans hésitation et de sa propre initiative, elle a fait appel au « *plus habile facteur d'orgues de notre époque* » (2) qui l'a dotée d'un instrument magnifique dont il est temps d'essayer la description.

(1) M. Guilmant ; *Lettre du 22 février 1875.*
(2) *Ibidem.*

CHAPITRE TROISIÈME

L'ORGUE DE SAINT-GODARD.

I. *Le Buffet.*

Le premier objet qui frappe l'œil, quand on se place en face d'un orgue d'église, c'est le buffet. Celui de Saint-Godard offre, dans ses proportions architectoniques, un ensemble des mieux réussis, d'un cachet aussi gracieux qu'original.

En avant, se détache une légère console. Là est disposé l'appareil entier de la *claviature* avec son triple étage de touches, ses boutons de registres et ses pédales de combinaison. L'organiste, tourné vers le chœur, peut suivre sans peine le cérémonial des offices et se rendre compte de la succession des fonctions liturgiques.

La tribune et le buffet, dont nous donnons une gravure en tête de cette Notice, ont été établis, sur les dessins de M. Sauvageot, architecte diocésain, l'auteur de nombreux et importants travaux si bien appréciés parmi nous.

Le buffet est un 16 pieds en montre. Il occupe toute la largeur de la nef qui est de 8 mètres, sur une hauteur moyenne de 9 mètres, avec 5 mètres de profondeur.

La façade principale, divisée par trois tourelles de forme triangulaire, comprend en outre huit plates-faces; elle est ornée de 53 tuyaux de montre en étain brillant.

'La construction de ce buffet, dans le style de la Renaissance (XVIe siècle), est faite avec le plus grand soin, en bois de chêne de Russie, de même que tous les ornements de sculpture qui sont taillés en plein bois.

Le meuble de la console des claviers et les autres accessoires sont établis en chêne poli.

Les galeries d'appui, les corniches et les plafonds de la tribune sont également en beau bois de chêne de Russie.

Tout ce travail, d'une conception et d'un fini absolument

remarquables, fait le plus grand honneur et à l'architecte qui en a dressé les plans, et aux artistes de la maison A. Cavaillé-Coll qui l'ont exécuté.

Il nous paraît seulement regrettable que l'ornementation de cette jolie façade se trouve en partie masquée par une poutre transversale formant l'entrait et le poinçon en bois d'une ferme qu'il ne serait pas impossible de faire disparaître, ou au moins de remplacer par un tirant et un poinçon en fer.

II. *La Soufflerie.*

Nous avons exposé dans notre premier chapitre les impérieux motifs qui font d'une soufflerie abondante et régulière, capable de fournir aux différents jeux et sans altération possible l'air comprimé dont ils ont besoin, la condition fondamentale d'un bon orgue. Nous n'y reviendrons pas. Remarquons toutefois que l'emploi des moteurs pneumatiques rend de nos jours cette condition plus indispensable que jamais et voyons si le facteur de Saint-Godard a su pourvoir d'avance à tous les besoins.

Jetons un regard sur l'appareil producteur. Deux paires de pompes s'offrent à nous ; chacune d'elles est mise en mouvement par une couple de pédales-bascules que le souffleur manœuvre en y faisant porter alternativement le poids de son corps. A mesure que s'abaisse l'une de ces pédales, l'autre se relève, et l'air ainsi aspiré et comprimé d'une façon continue passe en deux grands *réservoirs alimentaires* situés au-dessus des pompes, et où il arrive, pour ainsi parler, à l'état brut, sous une pression initiale uniforme. Il est donc de toute nécessité qu'avant de parvenir aux laies, il subisse une préparation qui le rende propre à remplir les rôles multiples auxquels il est destiné. Et voilà ce que font les *réservoirs régulateurs.*

Disséminés dans toutes les cavités de l'orgue, près des sommiers ou des machines qu'ils desservent, ces *réservoirs régulateurs* sont reliés aux réservoirs alimentaires par de larges canaux dont le nom de *porte-vent* indique bien la mission. Ils sont disposés de telle manière, que l'air venu des réservoirs alimentaires se trouve aussitôt réglé, *à diverses pressions*, par des soupapes régulatrices dans les différents réservoirs, mais ces pressions demeurent constantes et invariables pour chacun d'eux.

A Saint-Godard, on ne compte pas moins de *sept réservoirs régulateurs ;* ce nombre relativement très considérable montre de quelle sollicitude M. Cavaillé-Coll a entouré cette partie de son œuvre. Les quatre premiers alimentent le seul sommier du Grand-Orgue ; et encore, grâce à un savant système de petits moteurs pneumatiques, les basses du Bourdon de 16 et de la Flûte de 8 tirent-elles directement leur alimentation de l'extrémité supérieure des porte-vent ; deux autres correspondent au clavier de la Pédale ; le septième enfin est réservé aux jeux du Récit. La pression y est graduée de 9 à 15 centimètres de colonne d'eau.

Avec ce merveilleux ensemble de vastes récipients, l'organiste dispose d'une somme totale de 6,500 litres d'air comprimé, la marche des pompes lui en assure de plus 150 à 200 litres par seconde ; il tirera donc, si bon lui semble, tous les registres, il accouplera les trois claviers, sans avoir à craindre dans l'état du vent la perturbation même la plus légère. Car, si la vibration des gros tuyaux ou le mouvement de la machine pneumatique menace de rompre l'équilibre, les appareils *antisecousses* sont là qui veillent de tous côtés, parent aux chocs et y remédient instantanément.

Ainsi toute chance d'altération est supprimée : en vérité, poussa-t-on jamais plus loin le souci, j'allais dire le luxe, des précautions ? Ce luxe, d'ailleurs, n'est point une superfluité, car il contribue pour une large part à la qualité et à la distinction des timbres que l'on remarque dans la facture de M. A. Cavaillé-Coll.

III. *Le Mécanisme.*

Après la soufflerie, considérons le mécanisme. Pour se bien rendre compte des soins minutieux avec lesquels il est établi, il faudrait parcourir l'intérieur de l'orgue, l'examiner en détail et s'arrêter successivement à chacune des mille pièces, vergettes, pilotes-tournants, équerres, abrégés, etc., qui le composent et relient la *claviature* aux soupapes, et par elles aux tuyaux.

Le mécanisme, avons-nous dit, voilà l'écueil infaillible des facteurs vulgaires ; et rien n'est moins rare qu'un mécanisme défectueux. C'est par là surtout que pèchent nombre d'instruments, même d'une sonorité à peu près satisfaisante. Demandez-le plutôt à ces pauvres organistes, condamnés à lutter contre des claviers rebelles. Ils enfoncent la touche, et le son se fait attendre ; ils ont relevé le doigt, et la note continue à parler ; ou bien ils tirent et repoussent des registres, et ils ont à déployer la force d'un homme de peine. Si peu agréable qu'il soit, le tableau n'a rien d'exagéré. Nous avons de nos yeux vu d'éminents artistes contraints de refuser aux instances d'aimables confrères l'exécution d'une fugue de Bach ou d'un allegro de Lemmens, parce que leur orgue, tardif et dur, s'y refusait absolument.

Aussi M. Cavaillé-Coll n'a-t-il rien négligé pour obtenir une perfection de mécanisme irréprochable. Il n'emploie que des matériaux de premier ordre, des essences de bois choisies et dès longtemps accumulées dans ses vastes magasins ; il les façonne avec une élégance voisine de la coquetterie, il les ajuste avec une précision qu'envierait un orfèvre. Et comme il se défie des ravages des insectes et de l'envahissement de la poussière, il étend, là où il le croit utile, un treillis de fer aux mailles pressées, ou même il habille les organes les plus délicats d'une robe transparente de cristal.

La *machine pneumatique* en particulier se présente, à Saint-Godard, sous ce dernier aspect. L'œil du visiteur peut suivre sans peine les mouvements alertes de cette légion de petits soufflets qui se gonflent, s'affaissent, se relèvent avec une aisance et une prestesse étonnantes. L'appareil de Barker (1) occupe une si large place dans la facture moderne qu'on nous saura gré peut-être d'en spécifier le but et

(1) Cet appareil à l'origine manquait de souplesse. De concert avec l'inventeur, auquel il accorda la bienveillante hospitalité que lui refusait son pays, M. Cavaillé-Coll le soumit à des expériences variées, et parvint à en faire le serviteur docile qu'il est aujourd'hui.

d'en expliquer en quelques mots le fonctionnement. Aussi bien a-t-on été parfois induit à ce sujet en une profonde erreur.

Le rôle de la machine pneumatique ne consiste pas à donner de l'air aux tuyaux, mais uniquement à vaincre, par l'intermédiaire de l'air comprimé, la résistance qu'offrent à l'ouverture des soupapes une foule de causes, faciles à deviner, et inhérentes à la nature même de l'orgue. Il y a donc là une *force motrice*, d'une certaine analogie avec la vapeur, qui supplée à la faiblesse du doigt de l'artiste, et rien autre chose.

Voici comment s'exerce son action. Sur le trajet de la touche aux tuyaux, on dispose un soufflet cunéiforme dont la table inférieure, percée d'un trou, s'adapte à une boîte rectangulaire, ou *petite laie*, munie d'une soupape à deux de ses parois verticales. Ces deux soupapes, l'une *d'introduction*, l'autre de *décharge*, sont réunies par un fil d'acier et se meuvent ensemble, mais de façon que l'une en s'ouvrant ferme l'autre. Lorsque la touche du clavier s'abaisse, elle attire en avant la soupape d'introduction et l'ouvre : l'air comprimé se précipite de la laie dans le soufflet, en soulève la table mobile, et, par celle-ci, entraîne le mécanisme qui livre accès au vent dans les tuyaux ; dès qu'elle retourne à sa position ordinaire, un effet inverse se produit : la soupape d'introduction se ferme, celle de décharge s'ouvre, et le soufflet retombe en même temps que le tuyau se tait. Il suffit, pour donner au soufflet une force croissante, d'en augmenter progressivement les dimensions.

Tel est, exposé en quelques lignes, le système de Barker. Chacune des touches a son soufflet distinct, et l'ensemble du système forme la *machine pneumatique ;* machine fort précieuse, puisqu'elle donne aux claviers modernes la douceur d'un piano de concert, machine aussi dont la délicate structure exige une confection solide à l'abri de toute épreuve, et un ajustage extrêmement soigné. De ces deux conditions dépend le succès de l'appareil ; sinon, il se fatiguera promptement et deviendra plus nuisible qu'utile.

Il nous souvient d'avoir entendu M. Guilmant exprimer à

plusieurs reprises, lors de l'inauguration du grand orgue de l'abbaye de Fécamp (1), sa vive satisfaction pour les qualités exceptionnellement remarquables, se plaisait-il à nous dire, de la machine pneumatique. Celle de Saint-Godard, établie avec le même soin jaloux, ne le lui cède en rien. Comme son aînée, elle rend jusqu'à la perfection les trilles les plus rapides, et défie l'organiste de la mettre en défaut. On va la voir maintenant à l'œuvre : M. Cavaillé-Coll peut la soumettre sans crainte à l'appréciation du public, dont le jugement équitable en proclamera l'évidente supériorité.

Pour nous, après avoir passé en revue les pièces principales du mécanisme, il nous reste à décrire la *partie harmonique et résonnante* de l'orgue. La simple nomenclature des jeux en fera ressortir la richesse et l'heureuse composition.

IV. *Composition de l'Orgue.*

1° NOMENCLATURE DES JEUX.

PREMIER CLAVIER : GRAND-ORGUE, *ut* A *sol*, 56 NOTES.

Laie des fonds.		*Laie de combinaison.*	
1. Violon basse	16 pieds.	9. Quinte	2 pieds 2/3
2. Bourdon	16 »	10. Doublette	2 »
3. Montre	8 »	11. Plein-jeu	5 rangs.
4. Flûte harmonique . . .	8 »	12. Basson	16 pieds.
5. Salicional	8 »	13. Trompette	8 »
6. Bourdon	8 »	14. Clairon	4 »
7. Unda-Maris	8 »		
8. Prestant	4 »		

(1) Construit par M. Cavaillé-Coll et solennellement inauguré le 1er août 1883.

DEUXIÈME CLAVIER : RÉCIT EXPRESSIF, *ut* A *sol*, 56 NOTES.

Laie des fonds.		*Laie de combinaison.*	
15. Flûte traversière . . . 8 pieds.		21. Octavin. . . . . 2 pieds.	
16. Diapason. . . . . . . 8 »		22. Trompette. . . . . . . 8 »	
17. Viole-de-Gambe . . . 8 »		23. Basson et Hautbois. . 8 »	
18. Voix céleste. . . . . 8 »		24. Clairon. . . . . 4 »	
19. Flûte octaviante . . . 4 »			
20. Voix humaine. . . . . 8 »			

CLAVIER DE PÉDALE : *ut* A *fa*, 30 NOTES.

Laie des fonds.		*Laie de combinaison.*	
25. Contrebasse . . . . . . 16 pieds.		28. Bombarde . . . . 16 pieds.	
26. Soubasse. . . . . 16 »		29. Trompette. . . . . . . 8 »	
27. Flûte ouverte . . . . . 8 »		30. Clairon. . . . . 4 »	

2° PÉDALES DE COMBINAISON.

1. Tonnerre.	7. Appel des jeux de combinaison du Grand-Orgue.
2. Tirasse du Grand-Orgue.	8. Appel des jeux de combinaison du Récit.
3. Tirasse du Récit.	9. Copula du Grand-Orgue.
4. Appel des jeux d'anche de la Pédale.	10. Copula du Récit.
5. Octaves graves du Grand-Orgue.	11. Trémolo du Récit.
6. Expression du Récit.	12. Sonnette (Registre).

L'orgue de Saint-Godard comprend donc quatorze jeux au clavier de Grand-Orgue, dix au clavier de Récit, et six à la Pédale; en tout *trente* jeux, dont *six* de 16 pieds, *quinze* de 8, *cinq* de 4, *un* de 2 pieds 2/3, *deux* de 2 pieds, et un *Plein-jeu* de 5 rangs, soit près de 2,000 tuyaux; et *onze* pédales de combinaison.

La multiplicité de ces ressources, savamment disposées en vue de l'ampleur et de la netteté des effets, secondera merveilleusement les desseins les plus variés de l'artiste.

Les *fonds* y sont représentés par le chiffre imposant de seize jeux, parmi lesquels quatre de 16 pieds, dont les sonorités majestueuses servent de base à l'ensemble de l'harmonie. On y trouve plusieurs jeux ondulants : l'*unda-maris*, la *voix-céleste*, etc., l'une des plus singulières originalités de l'orgue. D'une intonation un peu plus haute que leurs congénères, ils vibrent, mariés à eux, avec la mordante animation des instruments à cordes qu'ils imitent à s'y méprendre. Nous y voyons aussi quelques-uns de ces *jeux harmoniques* créés, il y a quarante ans, par M. A. Cavaillé-Coll, et d'une puissance toute caractéristique.

A cette majesté des fonds se joint l'énergie d'un grand chœur de dix retentissants *jeux d'anche ;* deux de 16 pieds, cinq de 8, et trois de 4 pieds.

Le tout est sobrement coloré par deux jeux d'octaves aiguës: la *doublette* et l'*octavin ;* un jeu de mutation : la *quinte ;* et un *Plein-jeu* de 5 rangs.

D'aucuns se demanderont peut-être ce que signifient ces cinq rangs. Le voici : A côté des *jeux simples* qui, pour une note, font parler un tuyau, il en est d'autres, les *jeux composés*, dont chaque note en met en vibration plusieurs ; ainsi le *Plein-jeu* de Saint-Godard contient *cinq* tuyaux pour une seule note. Ces tubes sonores sont accordés à l'octave ou à la quinte les uns des autres, et leur résonnance simultanée avec les jeux de fonds produit pour l'oreille un son unique, d'une vigueur et d'un brillant extraordinaires : de là ce nom de *Plein-jeu*.

Indépendamment du Plein-jeu, il y a dans l'orgue ce qu'on appelle le *Grand-Chœur*, composé principalement des jeux d'anche, et le *Grand-Jeu* qui comprend tous les jeux de l'instrument.

Or, tous les jeux, et les divers groupes de jeux, peuvent être amenés à volonté par l'organiste sur les claviers au moyen des *pédales de combinaison*. C'est là encore une des richesses que la facture moderne doit à M. A. Cavaillé-Coll.

Selon qu'il le désirera, l'organiste appellera, par un simple mouvement du pied, ou les jeux d'anche, ou la totalité des jeux de combinaison pour les unir aux jeux de fonds ; il les retirera de même, et au moindre signe, ils disparaîtront. Il accouplera le Grand-Orgue à la Pédale, et le Récit au Grand-Orgue, il fera passer graduellement le chant expressif du Récit des légers soupirs de l'humble prière aux éclats de l'hymne triomphal. Il a le droit de tout oser ; *onze* pédales de combinaison obéissent à ses ordres et l'aideront à revêtir son idée musicale de couleurs alternativement gracieuses et fortes, vives et douces, délicates ou éblouissantes.

Nous l'avons bien vu au jour de la réception des travaux (1). Appelé par M. le Curé de Saint-Godard à jouer l'orgue devant la Commission d'expertise, M. Ch.-M. Widor, l'illustre organiste de Saint-Sulpice de Paris, a tenu sous le charme pendant plus de deux heures le petit groupe d'invités réunis pour cette première audition tout intime. Et autant on admirait le talent supérieur d'un artiste de génie, autant on était ravi de l'ampleur, de la limpidité, des richesses d'une sonorité si profondément sympathique qu'elle exerce sur l'oreille une sorte de prestige mystérieux et comme une irrésistible fascination.

Les anciens avaient un mot, fort expressif dans son apparente naïveté, pour caractériser l'éloquence de leurs orateurs préférés. Le vieil Homère y revient sans cesse et ne se lasse point de l'employer. A l'en croire, les lèvres de Nestor ne distillaient pas seulement le miel, elles livraient passage à un léger essaim de « *paroles ailées* », dont la douceur pénétrait insensiblement les âmes et les séduisait par la force de la persuasion.

Il nous semble qu'on ne puisse mieux définir l'effet que produisent les orgues de M. A. Cavaillé-Coll, et en particulier, celui que « *le prince de la facture* » (2) vient de construire à Saint-Godard. Quoi de plus aérien que le timbre angélique de la *Voix céleste ?* Quoi de plus « *ailé* » que les sons moelleux de la *Flûte traversière*, de plus pur que les accents de l'inimitable

(1) Voir aux *Pièces justificatives*, nº 1, le procès-verbal de la Commission d'expertise, avec l'appréciation du *Nouvelliste de Rouen* et du *Patriote*.

(2) *Le Grand-Orgue de Vitry-le-François*, par M. COMPAGNON, page 15.

Viole-de-Gambe, de plus délicieusement caressant que les douces ondulations de la *Voix humaine ?* Il n'est pas jusqu'aux graves jeux de *fonds* de 16 pieds qui ne chantent avec la vive spontanéité des instruments à cordes et ne se prêtent docilement aux inspirations les plus hardies, ou même les plus capricieuses, de l'organiste.

Homère avait raison : et si le mot n'existait pas, *il faudrait l'inventer.* C'est bien là un essaim de voix « *ailées* », qui voltigent et gazouillent à travers les airs pour arriver aux cœurs et les gagner par leur harmonie éloquente à l'envi des plus beaux discours.

Nous ne nous arrêterons point davantage aux magnifiques sonorités de l'orgue de Saint-Godard. Bientôt le public en jugera lui-même et confirmera, nous n'en doutons point, les éloges de la Commission d'expertise par l'autorité de ses unanimes suffrages. Disons seulement à quoi tiennent la finesse idéale, l'exquise suavité, la fraîcheur et la distinction des timbres qui font des orgues de M. Cavaillé-Coll des instruments hors ligne, si propres à rehausser la pompe de nos cérémonies religieuses et à servir le talent des artistes pénétrés de la grandeur de leur mission.

C'est que le célèbre facteur ne recule devant aucun sacrifice de temps ou d'argent pour assurer à ses œuvres toute la perfection désirable. Il y a longtemps que M. de la Fage a signalé l'épaisseur métallique des tuyaux de l'orgue de Saint-Denis : « M. A. Cavaillé, « disait-il, n'a pas hésité, à porter le métal de l'*ut* de 16 pieds « qui, dans la limite la plus élevée du poids qu'on lui donne, ne « dépasse pas d'ordinaire 50 kilogrammes, à cent quatre-vingts, « c'est-à-dire à un poids presque quadruple » (1).

Aujourd'hui encore M. Cavaillé donne aux parois de ses tuyaux une épaisseur exceptionnelle, et l'abondance d'un métal richement étoffé distingue sa facture de toutes les autres. La dépense en est accrue sans doute, mais l'orgue y gagne en stabilité, en rondeur et en durée.

(1) *Rapport* fait à la Société libre des Beaux-Arts *sur l'orgue de Saint-Denis,* page 74.

Il n'est pas jusqu'aux tuyaux de bois qu'il n'ait soigneusement préparés. Recouverts à l'intérieur et à l'extérieur d'une triple couche de vernis qui forme un enduit des plus propres à réfléchir les ondes sonores, ils rivalisent d'aspect avec le brillant poli de l'étain. Aussi est-ce un vrai plaisir que de se promener à travers les rangs de cette petite armée de tubes aux dimensions variées, fort gracieux dans leur élégante distribution, et de tout point séduisants lorsque leur voix module et que résonnent leurs accents joyeux.

Tel nous apparaît l'orgue dont la munificence de Madame Delahaye, si heureusement secondée par le zèle de M. l'abbé de Beauvoir et le talent magistral de M. A. Cavaillé-Coll, vient de doter l'église Saint-Godard. Aux artistes maintenant d'en comparer les qualités avec celles de leur propre instrument, aux fidèles d'en goûter les charmes, à tous ceux qui s'intéressent aux progrès de la facture d'en apprécier la valeur et d'en reconnaître l'incontestable excellence.

Déjà les membres de la Commission d'expertise ont formulé leur jugement. Quoiqu'ils aient été, sans exception, choisis par M. le Curé de Saint-Godard — M. Cavaillé-Coll ayant coutume d'abandonner ses œuvres au libre examen des fabriques et de ne se réserver pas même la désignation d'un seul expert — ils ont reçu, avec « d'unanimes éloges » le bel orgue soumis à leur examen ; et, après tant d'autres, ils ont exprimé leur « entière satisfaction » au « *maître des maîtres* » dont « *les instruments*, pour rappeler ici le mot de M. Gevaërt et la pensée de Lemmens, « *sont incomparablement supérieurs à ce qui se fait en ce genre dans* « *l'Europe entière.* »

PIÈCES JUSTIFICATIVES

Nº I

EXPERTISE ET RÉCEPTION DE L'ORGUE DE SAINT-GODARD.

La Commission nommée par M. l'abbé de Beauvoir pour l'expertise de l'orgue de l'église Saint-Godard a procédé à ses travaux le jeudi 27 mars. M. A. Cavaillé-Coll y était représenté par son neveu et collaborateur, M. Gabriel Reinburg. A cette occasion, M. Ch.-M. Widor a pour la première fois fait entendre le nouvel instrument à un auditoire choisi d'invités et d'amis. Le procès-verbal de livraison, joint aux articles du *Nouvelliste* et du *Patriote* que nous reproduisons ici, dira exactement et ce qu'est l'orgue et ce qu'a été cette première audition, d'autant plus charmante qu'on en avait banni avec soin toute apparence de solennité.

1º *Procès-verbal de livraison et de réception du Grand-Orgue de l'Eglise Saint-Godard, de Rouen, construit par M. Aristide Cavaillé-Coll, facteur de grandes orgues à Paris.*

Aujourd'hui Jeudi vingt-sept Mars mil huit cent quatre-vingt-quatre, la Commission nommée pour examiner et recevoir le Grand Orgue exécuté dans l'église paroissiale de Saint-Godard, par M. Cavaillé-Coll, s'est réunie dans la sacristie, sous la présidence de M. le curé de Saint-Godard ; le tout conformément au marché, passé avec M. Cavaillé-Coll, à la date des 23 et 24 Décembre 1881.

La Commission, composée de M. de Beauvoir, curé de Saint-Godard, président; M. Ch.-M. Widor, organiste de Saint-Sulpice de Paris; M. l'abbé Lefebvre, vicaire à Notre-Dame du Hâvre; M. Fleury, organiste de Notre-Dame de Bon-Secours; M. A. Haumesser, éditeur de musique; M. Vivet, organiste de la paroisse; M. l'abbé Julien Loth; après s'être constituée et avoir nommé M. Loth pour rapporteur, s'est transportée à la tribune du Grand Orgue.

Lecture faite du devis et du marché annexé, les commissaires ont examiné d'abord la soufflerie et le mécanisme, qui ont été trouvés d'une exécution parfaite et conformes au devis. Le sommier des pédales a été établi à doubles laies en dehors des prévisions du devis, ce qui a permis d'avoir une pédale de combinaison pour tous les jeux d'anche.

La Commission a remarqué particulièrement l'excellente distribution des différentes parties mécaniques, la facilité d'accès qui a été donnée à toute la construction, le soin qui a présidé à la confection des grandes pièces, et celui qu'on a pris pour assurer la conservation et l'entretien de tout l'instrument.

Cette première partie de l'examen achevée, M. Ch.-M. Widor a été invité à faire parler, les uns après les autres et note par note, les jeux du Grand-Orgue, de combinaison, du clavier de Récit et du Clavier de Pédale.

La Commission s'est déclarée satisfaite du timbre pur, net et distingué, et de l'harmonisation exquise des trente jeux. Elle a remarqué que le jeu de Violon-Basse a été complété jusqu'à 51 tuyaux au lieu de 44 portés au devis. Le jeu de Flûte de 4 a été remplacé par un jeu d'Unda-Maris; le jeu de Basson par une Bombarde de 16. — Au jeu de Carillon a été substitué un jeu de Clairon pour donner plus de force au Grand-Chœur du clavier de Récit. La Voix humaine a été transportée sur la laie des jeux de fonds, en vue de faciliter l'entretien d'accord des autres jeux d'anche. Le jeu de Bourdon de 8 au clavier de Pédale a été remplacé par un jeu de Clairon de 4. Tous ces changements prévus et exécutés conformément au marché.

Tous les autres jeux ont été trouvés conformes au devis. M. Widor a fait ressortir dans une série de morceaux exécutés avec son talent bien connu les différentes combinaisons mécaniques et harmoniques de l'instrument. L'ampleur des jeux de fonds, la délicatesse et la grâce des jeux de Récit, la distinction et la variété des timbres, la puissance du Grand-Chœur ont été admirés par la Commission, et sont l'objet de ses éloges unanimes.

Elle a décidé en conséquence de recevoir le Grand-Orgue construit par M. A. Cavaillé-Coll et de lui exprimer son entière satisfaction.

En foi de quoi, les membres de la Commission ont signé le présent procès-verbal.

Signé : A. DE BEAUVOIR, *curé de Saint-Godard,*
A. FLEURY, RAOUL VIVET, CH.-M. WIDOR,
G. LEFEBVRE, AUG. HAUMESSER, *et* JULIEN LOTH,
chanoine honoraire.

2° *Appréciation du* Nouvelliste de Rouen *(28 mars 1884).*

L'église Saint-Godard a été hier témoin d'une fête artistique. M. Ch.-M. Widor, organiste de Saint-Sulpice de Paris, a joué pendant deux heures et devant une assemblée choisie, le magnifique instrument dont M. A. Cavaillé-Coll vient de doter cette paroisse.

La commission d'expertise, chargée de vérifier les travaux, n'a eu qu'à faire l'éloge de cette œuvre d'art et à exprimer son entière satisfaction. Elle s'est complue à signaler la parfaite égalité des jeux, leur rondeur, leur netteté d'articulation, la richesse de l'ensemble et la variété des détails. Elle a remarqué particulièrement la franchise de l'attaque, même pour les notes les plus graves, la souplesse du mécanisme, la douceur des claviers et la docilité des mille organes qui entrent dans la structure de l'instrument.

C'est après cet examen que M. Ch.-M. Widor a fait ressortir la puissance, la finesse et la distinction de l'orgue. Il a tenu ses auditeurs sous le charme, et n'eût été la sainteté du lieu, on l'aurait applaudi. Il a promis, d'ailleurs, de revenir pour la fête de l'inauguration solennelle, et nous ne saurions trop inviter nos lecteurs à ne point manquer cette cérémonie, dont la date sera ultérieurement annoncée.

3° *Compte-rendu donné par le* Patriote *(28 mars 1884).*

M. A. Cavaillé-Coll vient d'achever la construction de l'orgue de l'église Saint-Godard. Il a soumis son œuvre à une commission d'experts qui ont procédé hier à l'examen et à la vérification des travaux.

Nous n'avons point l'intention d'entretenir aujourd'hui longuement nos lecteurs de l'instrument dont le célèbre facteur a doté la ville de Rouen. Il nous suffira de constater qu'il répond à ce que nous étions en droit d'attendre de M. Cavaillé-Coll, et que Saint-Godard possède un orgue parfait, moins considérable sous le rapport des jeux que beaucoup d'autres, mais d'une distinction sans égale, si on le rapproche de ce que nous avons jusqu'ici entendu dans notre ville.

La Commission a rendu hommage aux qualités vraiment supérieures de cet instrument ; il a une distinction, une finesse, une variété de timbres remarquables. Les jeux les plus graves parlent avec la netteté des instruments d'orchestre : on croirait parfois entendre le coup de langue de l'exécutant. Les basses, le médium, les dessus vibrent sans se nuire les uns aux autres, toujours clairs, amples et ronds. Et quand s'unissent les ressources multiples des trente jeux, les ondes sonores s'élancent et jaillissent, de manière à produire un effet aussi grandiose qu'harmonieux.

Il est vrai que nous avions pour mettre en lumière ces richesses un artiste de premier ordre. M. Ch.-M. Widor, l'éminent organiste de Saint-Sulpice de Paris, avait bien voulu répondre au désir de M. le Curé de Saint-Godard et se charger de faire valoir, devant les membres de la Commission, les ressources de l'orgue de M. Cavaillé-Coll. Les rares invités qui avaient été conviés à cette fête intime savent avec quel talent M. Ch.-M. Widor a rempli sa mission.

Dans une série de morceaux où nous avons reconnu deux *Symphonies* de l'illustre organiste, la *Fanfare* de Lemmens, et plusieurs autres compositions non moins célèbres, il a captivé, ou plutôt il a tenu sous le charme son auditoire. Il n'est personne qui n'ait remarqué la souplesse et la flexibilité de l'instrument, tour à tour puissant et doux, majestueux et aimable, et merveilleusement apte à traduire toutes les inspirations de l'organiste.

Aussi nous réjouissons-nous de penser que pareille fête nous sera bientôt offerte une seconde fois. M. Ch.-M. Widor a promis en effet de venir au jour de l'inauguration solennelle. Que nos amis ne perdent point cette occasion d'entendre un orgue incomparable joué par un maître. Nous leur annoncerons en temps opportun la date de cette cérémonie, qui suivra les fêtes de Pâques, et leur permettra d'apprécier à la fois et l'instrument de M. Cavaillé-Coll et l'excellent artiste qui sait si bien en tirer parti.

<hr>

N° 2

PRINCIPALES ORGUES ÉTABLIES DANS LE DIOCÈSE DE ROUEN PAR M. A. CAVAILLÉ-COLL.

L'orgue de Notre-Dame de Bon-Secours, construit en 1857 par M. A. Cavaillé-Coll et enrichi en 1879 des jeux de Pédale qu'on n'avait pu lui donner tout d'abord faute de ressources, tient sans contredit une place d'honneur parmi les orgues du diocèse. L'opinion publique s'accorde avec le sentiment des artistes pour en louer l'extrême finesse et l'excellente composition ; aussi n'insisterons-nous pas.

Nous nous bornons à détacher d'une étude de M. Amédée Méreaux, l'éminent critique rouennais, quelques passages intéressants.

« La construction de cet orgue, écrivait-il le 19 Novembre 1857 dans le *Journal de Rouen*, est d'une rare perfection et peut être regardée comme l'un des plus brillants spécimens des progrès que ce genre de fabrication artistique a faits de nos jours, progrès auxquels les ingénieux travaux de M. Cavaillé ont donné un si grand essor. Cet habile facteur a enrichi son art de plusieurs inventions et de nombreux perfectionnements de la plus haute importance, et dont les précieux effets se font remarquer dans l'orgue de Bon-Secours..... Cet instrument est composé de 22 jeux, qui sont tous d'une qualité, d'une égalité et d'une justesse de son irréprochables.....

« Nous citerons le remarquable perfectionnement des jeux harmoniques, et surtout le nouveau système des pédales de combinaison. Autrefois ces pédales imposaient à l'organiste des combinaisons de jeux opérées d'une manière fixe par le facteur. Grâce à une heureuse modification imaginée par M. Cavaillé, l'organiste peut, au contraire, varier les combinaisons au gré de ses inspirations en faisant parler à volonté les dessus ou les basses des jeux de combinaison du Grand-Orgue ou du clavier de Récit, ou bien les réunir dans un puissant *tutti*.....

« L'expertise a mis en relief les timbres variés des jeux de fonds et de combinaison, dont on a pu apprécier les charmants effets..... Plusieurs organistes ont successivement fait valoir cet orgue délicieux, dont les ressources mélodiques, harmoniques et orchestrales, complètent si artistiquement la riche et élégante église de Bon-Secours. »

Aujourd'hui encore, ce bel instrument, bien que le mécanisme primitif n'ait subi d'autre opération qu'un simple nettoyage, fonctionne avec la souplesse et la précision des premières années. Et ses qualités harmoniques, personne n'en disconviendra, soutiennent avantageusement la comparaison avec celles des orgues les plus récentes.

M. A. Cavaillé-Coll a construit d'autres orgues dans le diocèse de Rouen. Nous en rappellerons les principales, afin que chacun puisse au besoin constater que partout les œuvres de l'illustre facteur se présentent avec une sonorité exceptionnellement belle, égale, agréable et timbrée.

C'est à la ville d'Elbeuf qu'appartient l'honneur de posséder le plus grand nombre de ces exceptionnels instruments. Elle en a trois : celui de l'église Saint-Jean, dont la construction remonte à près de trente ans ; celui de l'Immaculée-Conception qui date de 1881 ; et le charmant orgue d'accompagnement de Saint-Etienne, que l'on doit à l'heureuse initiative de M. l'abbé Collette, encouragé par le haut patronage de M. le Curé et la généreuse émulation des paroissiens.

Le grand orgue de l'église de Bolbec, l'orgue de chœur de Saint-Jacques de Dieppe viennent aussi des ateliers de M. A. Cavaillé-Coll.

Enfin, dans ces derniers temps, l'abbaye de Fécamp s'est adressée au même facteur qui l'a dotée d'un instrument magnifique de 34 jeux, inauguré le 1er août 1883 sous la présidence de M. le Vicaire général Margueritte. Voici de rapides extraits du rapport que la Commission d'expertise, réunie sur la demande de M. l'abbé Lenud, curé-doyen, rédigea en cette circonstance :

« Les membres de la Commission d'expertise s'accordent tous à féliciter M. Cavaillé-Coll pour le soin qu'il a mis à livrer un orgue parfait, que l'on est en droit, sans aucune hyperbole, d'appeler un instrument modèle, au moins égal à ce qui a été fait en ces derniers temps, de beaucoup supérieur à nombre d'orgues plus considérables et réputées comme excellentes.

« La soufflerie a été établie dans des conditions merveilleuses..... La machine pneumatique se présente avec des qualités toutes spéciales et absolument remarquables..... Elle est munie de deux *antisecousses* qui empêchent le vent de s'altérer et le maintiennent à une pression uniforme et constante.....

« La contenance et la confection solide des soufflets, vernis à l'intérieur et à l'extérieur, permettent à la puissance totale de l'orgue de se développer pendant 35 secondes sans qu'il soit besoin d'alimenter les réservoirs ; si l'instrument se tait, le vent demeure pendant plus de huit minutes, emmagasiné et prêt à faire parler les jeux.....

« Quant à la sonorité, elle défie les factures les plus vantées. Et ceci ne surprend point si l'on songe que tuyaux de bois et tuyaux de métal offrent toutes les garanties désirables..... Ceux-ci ont une épaisseur qu'on ne rencontre guère que dans les orgues de M. Cavaillé ; cette épaisseur a l'avantage de garantir la durée de l'instrument, d'assurer la pureté du timbre et de lui donner une netteté aussi agréable que douce. Aussi a-t-on remarqué avec un vif plaisir la rondeur des jeux qui, malgré leur gravité, parlent et sonnent *comme si l'on donnait le coup de langue.....*

« Les membres de la Commission aiment à rendre hommage à l'ampleur du Grand-Orgue, dont la sonorité vigoureuse n'est cependant point dure, et n'a pas moins de suavité que de puissance..... Ils ne peuvent donc que féliciter chaleureusement M. Cavaillé et ses dévoués collaborateurs pour leur œuvre de tout point remarquable et vous proposer, Monsieur le Curé, de recevoir avec empressement l'orgue de l'abbaye *qu'ils n'hésitent point à proclamer un chef-d'œuvre de facture.* »

N° 3

EXTRAITS DU RAPPORT DE LA COMMISSION NOMMÉE PAR LE GOUVERNEMENT POUR LA VÉRIFICATION ET LA RÉCEPTION DES TRAVAUX DU GRAND ORGUE DE *Notre-Dame* DE PARIS.

Quoique convaincue par l'expérience du mérite des œuvres de M. Cavaillé-Coll et des progrès qu'il réalise depuis trente-cinq ans dans la facture d'orgue, la Commission chargée de la vérification et de la réception des travaux de l'orgue de Notre-Dame a cru néanmoins devoir se livrer au plus minutieux examen de l'ensemble et des détails, à cause de l'importance artistique de cet instrument et de l'intérêt qu'il offre sous le rapport mécanique et acoustique.....

La partie acoustique a été l'objet d'un long et consciencieux examen..... Tous les jeux présentent d'excellentes conditions d'égalité, de suavité et de force. Un très grand nombre ont frappé la Commission par la justesse de leur accord et la délicatesse de leur timbre.... La Commission a examiné avec une attention non moins sérieuse la partie mécanique de l'instrument. Ce travail a provoqué une véritable satisfaction..... La matière première est d'un choix irréprochable ; quant au travail d'exécution, il dénote une rare habileté et finesse de main-d'œuvre.....

Il nous reste à signaler un dernier progrès réalisé *pour la première fois*, dans l'orgue de Notre-Dame.

L'importance des orgues ne doit pas se mesurer seulement par le nombre des tuyaux et la dimension des jeux, mais encore par la richesse de leur composition harmonique.

Dans les plus grandes orgues on trouve des jeux de 32, 16, 8, 4, 2 et même 1 pied. Tous ces jeux sont à l'octave les uns des autres. Mais indépendamment de ces jeux à l'octave, on a introduit de tout temps dans la construction des orgues des jeux intermédiaires, pris dans la série harmonique des sons, donnant la quinte, la tierce et leurs octaves. M. Cavaillé-Coll a ajouté la septième et ses différentes octaves, c'est-à-dire qu'il a complété la série harmonique des sons de 5 à 6 degrés de plus qu'on ne l'avait fait jusqu'ici.

Il en résulte que la base des divers jeux de l'orgue, qui ne s'étendait jusqu'à ce jour que de 9 à 11 degrés différents, s'est accrue, par le fait de l'addition de la septième, jusqu'à 16 degrés de la série harmonique.

Ainsi l'orgue de Notre-Dame, qu'il faut classer en première ligne, possède une base de 16 degrés pris dans la série harmonique de 1 à 32 ; tandis que l'orgue de Saint-Sulpice, quoique ayant un plus grand nombre de jeux, ne possède que 11 degrés de cette même série ; celui de la cathédrale d'Ulm, un des plus considérables d'Europe, également 11 degrés ; celui de Harlem, 9 ; celui de Fribourg, 7 ; celui de Saint-Eustache, de Birmingham et de la Madeleine, 6...

La Commission, après un examen approfondi, a unanimement reconnu que l'orgue de l'église métropolitaine de Paris est un instrument de premier ordre, qu'il honore au plus haut degré la facture française, qu'il dépasse par la fécondité et la richesse de ses ressources les résultats artistiques que les clauses du devis faisaient pressentir.

INDEX

————»»»✕«««————

IMPRIMERIE PAUL LEPRÊTRE & Cⁱᵉ — DIEPPE.

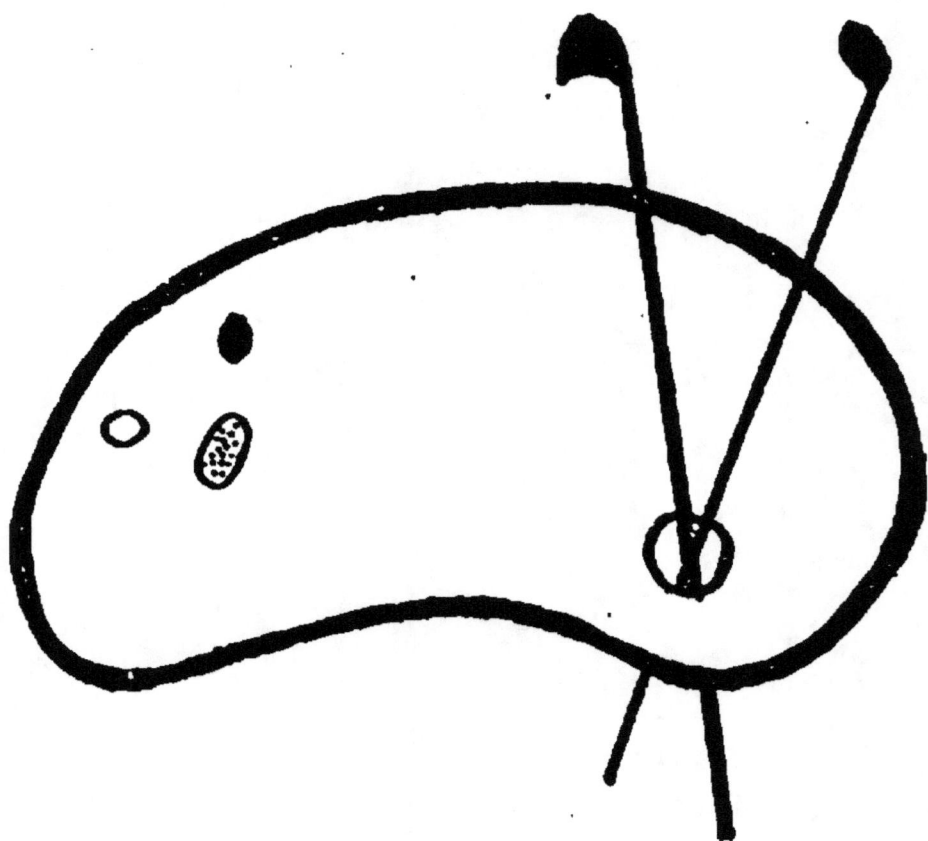

ORIGINAL EN COULEUR
NF Z 43-120-8

www.ingramcontent.com/pod-product-compliance
Lightning Source LLC
LaVergne TN
LVHW022149080426
835511LV00008B/1349